Ich lerne Ballett

Helen Edom und Nicola Katrak

Gezeichnet von Norman Young
Ins Deutsche übertragen
von Katrin Straub

Inhalt

2. Was ist Ballett?
4. Tanzfiguren
6. Ein guter Anfang
8. Die ersten Schritte
10. Bewegungen der Arme
12. Gespitzte Füße
14. Gleichgewicht halten
16. Gestreckte Beine
18. Springen
20. Drehen
22. Miteinander tanzen
24. Ausdruck
26. Ohne Worte
28. Bei einer Ballettaufführung
30. Berühmte Ballette
32. Sachregister

Was ist Ballett?

Klassisches Ballett ist eine ganz besondere Art zu tanzen, die vor Hunderten von Jahren entstand. Die Tänzer können mit ihren Bewegungen ihre Gefühle ausdrücken oder eine Geschichte erzählen. Dieses Buch zeigt, wie sie es machen – und wie du es lernen kannst.

Diese Tänzer sind Prinz und Prinzessin in einem Ballett, das „Dornröschen" heißt.

Tänzer bilden mit ihrem Körper, mit Armen und Beinen, interessante Figuren.

Ballettänzer spitzen ihre Füße, sobald sie den Boden verlassen.

Jahrelanges Training ist nötig, um solche Figuren zu beherrschen.

Eine Frau, die in einem Ballett die Hauptrolle tanzt, wird meist als „Ballerina" bezeichnet.

Dieses Kleid heißt „Tutu". Der Tüllrock ist sehr kurz, damit man die Beine frei bewegen kann.

Tänzer halten ihre Beine fast immer auswärts gedreht.

Du kannst Ballett auf der Bühne, im Film oder auf Video sehen. Die Tänzer bewegen sich zur Musik, oft drehen sie sich sehr schnell oder springen hoch in die Luft. Manchmal bleiben sie in einer wunderschönen Pose stehen. Sie trainieren sehr hart, um Kraft und Beweglichkeit für die vielen verschiedenen Schritte zu erlangen.

Verschiedene Tanzarten

Man kann ganz unterschiedlich tanzen. Auf einer Party kannst du eigene Bewegungen erfinden. Bei anderen Tanzstilen dagegen, wie beim Ballett, mußt du bestimmte Bewegungen lernen.

Steptänzer haben Eisenplatten an den Schuhen, um den Rhythmus zu verstärken.

Im klassischen indischen Tanz hat jede Handbewegung eine bestimmte Bedeutung, um eine Geschichte zu erzählen.

Die richtige Kleidung

Am besten sind enganliegende, aber bequeme Sachen, wie Gymnastikhosen oder kurze Hosen. Damit du die Füße spitzen kannst, zieh weiche Schuhe an oder geh barfuß.

Wenn du lange Haare hast, binde sie hoch.

Falls dir Ballett Spaß macht, kannst du später ein Trikot, Strumpfhosen und Ballettschläppchen kaufen. Frag deinen Lehrer, was er dir empfiehlt.

Die richtige Schule

Gleich von Anfang an brauchst du einen guten Lehrer. Du findest Werbeanzeigen für Ballettunterricht* in Zeitungen, Ballettfachgeschäften oder in den Gelben Seiten.

*Siehe Seite 32.

Ballettschläppchen

Du kannst sie im Fachgeschäft kaufen. Sie haben sehr weiche Sohlen, damit man die Füße spitzen kann. Tänzer befestigen sie mit Satinbändern, aber am einfachsten ist ein Gummiband.

Tanzfiguren

Die vielen unterschiedlichen Bewegungen und Tanzfiguren lassen das Tanzen aufregend aussehen. Du kannst in unterschiedlichen Stellungen ganz verschiedene Dinge ausdrücken.

Breit und ausgestreckt

Hochaufgerichtet und stolz

Starke Arme lassen dich bedrohlich aussehen.

Klein und rund

Welche Körperteile lassen sich rund formen? Überleg, was du alles mit deinen Armen, Händen und deinem Rücken machen kannst.

Wie würdest du dich klein machen, um in eine Schachtel zu passen? Wie hoch kannst du dich zur Decke hinaufstrecken?

Probier alle Figuren aus, die dich bedrohlich, erschreckend oder stolz aussehen lassen. Bleib einige Sekunden lang in jeder Position.

Bewegte Figuren

Beweg dich mit rundem Rücken.

Zieh Arme und Beine beim Rollen an.

Hüpf und streck dich dabei nach oben.

Rutsch mit gestreckten Beinen.

Beweg dich durch den Raum. Probier alle Möglichkeiten aus, die dir einfallen.

Fang zusammengerollt an und versuch dann zu kriechen, zu krabbeln oder Purzelbäume zu schlagen.

Dann fängst du ausgestreckt an und versuchst dich zu drehen, zu hüpfen oder herumzurutschen.

Bewegung zur Musik

Wie bei fast allen Tanzarten bestimmt im Ballett die Musik die Bewegungen. Hör dir deine Lieblingsmusik an. Fühlst du dich dabei glücklich, taurig oder wütend?

Energische Sprünge passen zu aufregender Musik.

Schleifende Schritte passen zu trauriger Musik.

Hüpfende Schritte passen zu fröhlicher Musik.

Überleg dir, wie du die Musik mit Bewegungen ausdrücken kannst. Bei einem Stimmungswechsel in der Musik ändern sich auch die Bewegungen.

Figuren erkennen

Diese Tanzfiguren kannst du erkennen, wenn du Tänzern auf der Bühne zuschaust.

Diese langgestreckte Figur heißt „Arabesque" (sprich: ara-besk).

Diese Figur ist runder und heißt „Attitude" (sprich: atti-tüd).

Im Takt bleiben

Tänzer bewegen sich meistens zum Takt der Musik.

Such dir ein Musikstück mit einem starken Rhythmus. Stampfe oder klatsche im Takt.

Zusammen mit einem Freund kannst du im Takt klatschen, aber hör gut auf die Musik, damit ihr nicht schneller werdet.

Ein guter Anfang

Steh ganz kerzengerade, so kannst du am besten tanzen.

Richtig stehen

Viele Leute stehen oft mit hängenden Schultern und einem runden Rücken da. Tänzer machen sich ganz lang und strecken sich.

So wartet man vielleicht an der Bushaltestelle.

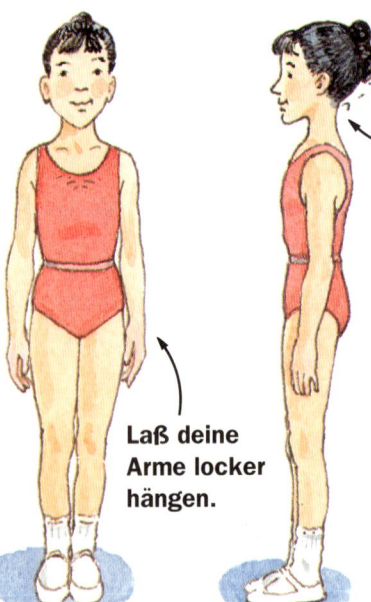

Laß deine Arme locker hängen.

Schau geradeaus.

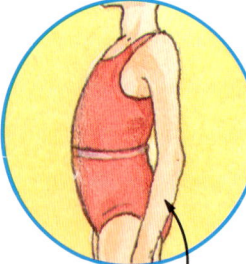

Halte deinen Rücken gerade, kein Hohlkreuz machen!

Steh wie ein Tänzer. Deine Füße sind zusammen, die Arme hängen locker neben deinem Körper. Mach deinen Bauch flach und hart, dann bist du größer.

Positionen der Füße

Im Ballett müssen die Füße und Beine „auswärts" sein. Hier sind für den Anfang drei Positionen.

Deine Fersen berühren sich. Die Zehenspitzen sind möglichst weit auseinander. Jetzt stehst du in der ersten Position.

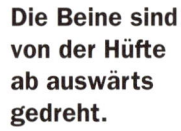

Die Beine sind von der Hüfte ab auswärts gedreht.

Deine Füße bilden ein V.

Nun stellst du die Füße auseinander. Die Beine bleiben auswärts. Dies ist die zweite Position.

Dein Körper und deine Beine bleiben kerzengerade.

Steh fest auf beiden Füßen.

Jetzt rutscht ein Fuß vor den anderen, bis dieser zur Hälfte verdeckt wird. Dies ist die dritte Position. Dabei ist entweder der linke oder der rechte Fuß vorne.

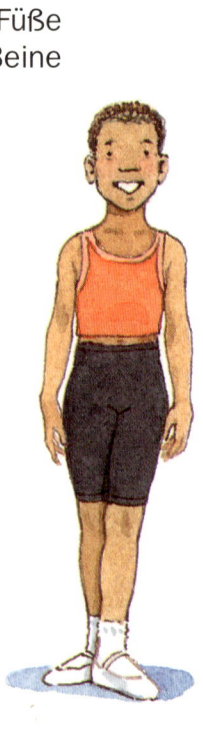

Auswärts drehen

Ballettänzer halten ihre Beine auswärts gedreht, denn so können sie die Beine höher heben. Schau selbst, was es für einen Unterschied macht.

Arme einwärts

Arme auswärts

Dreh zuerst die Hände nach innen, so daß die Handrücken deine Beine berühren. Nun versuch, die Arme seitlich hochzuheben. Es geht schwer.

Jetzt drehst du deine Arme auswärts, bis die Handflächen nach vorne zeigen. Nun kannst du die Arme ganz heben.

Position erkennen

Ballettänzer können nach jahrelangem Training noch zwei weitere Positionen. Vielleicht kannst du sie bei einer Ballettvorführung erkennen.

Die Füße bilden die vierte Position.

Die Füße sind eng zusammen in der fünften Position.

Halt deinen Körper aufrecht.

Beine auswärts.

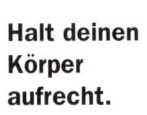

Beine einwärts.

Die Beine kannst du einwärts zwar auch hochheben, aber es ist viel anstrengender. Versuch es mit den Füßen nach vorne und dann mit auswärts gedrehten Beinen.

Hochgestreckte Beine

Erst nach einer langen Ausbildung haben Tänzer die nötige Kraft, um ihre Beine so hoch zu halten.

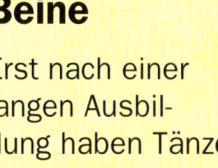

Die ersten Schritte

Die ersten Bewegungen in der Ballettstunde wärmen die Muskeln auf und lassen sie dehnbar werden. Meistens sind die ersten Übungen Kniebeugen, die man „Demi-pliés" (sprich: dömi-plije) nennt. Demi-pliés ist ein französischer Ausdruck und bedeutet „halbgebeugt".

Steh kerzengerade mit den Füßen in der ersten Position. Mach dich so groß wie möglich, und leg deine Hände auf die Hüfte.

Schau geradeaus.

Die Knie beugen sich langsam und geschmeidig zur Seite und zeigen direkt über deine Zehenspitze. Dann streck deine Knie wieder durch.

Drück beide Füße fest auf den Boden.

Du kannst ein Demi-pliés auch in der zweiten Position versuchen. Achte darauf, daß du die Übung sehr fließend ausfürst.

An der Stange

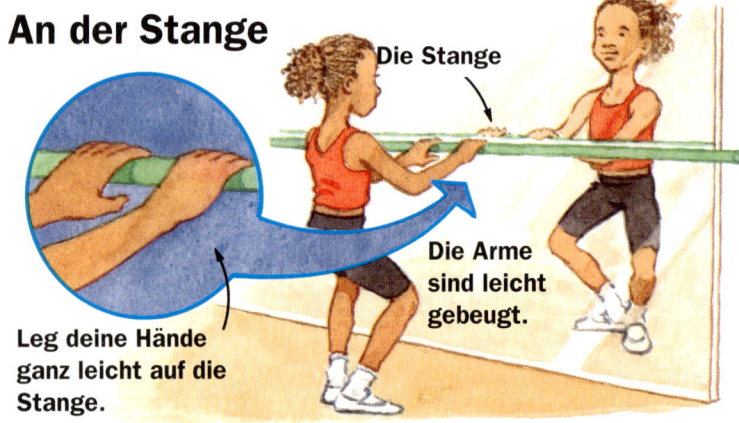

Leg deine Hände ganz leicht auf die Stange.

Die Stange

Die Arme sind leicht gebeugt.

Viele Ballettstudios haben eine Stange. Sie ist an der Wand befestigt und hilft dir, dein Gleichgewicht zu halten.

Oft gibt es auch einen Spiegel an der Wand. So kannst du kontrollieren, ob du geradestehst.

So übst du zu Hause

Die Rückenlehne soll etwa Taillenhöhe haben.

Die Tischkante oder die Rückenlehne eines stabilen Stuhls eignen sich für die Übungen zu Hause.

Nach vorne beugen

Jetzt beugst du deinen Oberkörper nach vorne.

Deine Arme hängen locker herunter.

Dein Rücken wird rund.

Laß deine Knie gestreckt.

Beginn in der ersten Position und steh sehr gerade. Nun läßt du deine Kopf schwer werden und neigst ihn nach vorne.

Jetzt folgt dein Oberkörper in einer geschmeidigen Bewegung. Die Arme hängen fast bis zum Boden hinab.

Manche Leute kommen mit den Händen bis zum Boden.

Die Fußsohlen müssen fest am Boden bleiben.

Beug dich nur so weit vor, daß es nicht weh tut. Je öfter du das übst, desto leichter geht es.

Richte dich langsam wieder auf, so daß dein Kopf ganz zum Schluß hochkommt. Deine Beine bleiben die ganze Zeit gestreckt.

Französische Ausdrücke

Die Ballettübungen wurden vor etwa 350 Jahren in Frankreich niedergeschrieben und haben deshalb französische Namen.

Eine französische Tänzerin um 1700.

Damals hatten die Ballettschuhe Absätze.

Das tägliche Training

Berufstänzer üben jeden Tag mehrere Stunden, um ihre Muskeln zu kräftigen und zu dehnen. Sie fangen immer mit Pliés an.

Bewegungen der Arme

Im Ballett sind die Arme genauso wichtig wie die Beine, damit alle Bewegungen schön aussehen.

Gerade und gebeugt

Deine Arme sind gestreckt, wenn du nach etwas greifst.

Deine Ellenbogen sind spitz, wie wenn du eine Schaufel hältst.

Deine Arme können viele verschiedene Figuren bilden. Wie viele fallen dir ein?

Im Ballett werden die Arme meistens leicht gebeugt, so daß sie rund und weich aussehen.

Figuren und Bewegungen

Probier die erste Position der Arme. Zuerst mußt du ganz aufrecht stehen. Die Arme hängen locker neben deinem Körper.

Hebe beide Arme langsam in einer Kurve, als ob du einen großen Luftballon vor deinen Bauch halten würdest. Das ist die erste Position.

Deine Schultern bleiben unten.

Deine Finger sind ein Teil des Kreises.

Halte deine Arme in dieser kreisrunden Form und hebe sie, bis sie fast über deinem Kopf sind. Dies ist die fünfte Position.

Schau deinen Händen nach, wie sie sich bewegen.

Nun öffne deine Arme zur Seite, als ob du einen Regenbogen zeichnen würdest. So kommst du in die zweite Position.

Deine Arme bleiben leicht gebeugt.

Beginn mit den Armen neben deinem Körper und hebe sie in einer fließenden Bewegung durch die erste, fünfte und zweite Position.

Mischen der Positionen

Wechsle die Arme aus, so daß der linke Arm macht, was vorher der rechte gemacht hat.

Halte einen Arm in der ersten und den anderen in der zweiten Position. Durch diese Mischung erhältst du die dritte Position.

Die vierte Position erhält man, indem man einen Arm in der fünften und den anderen in der zweiten Position hält.

Wellenartige Bewegungen

Fühl den Luftwiderstand gegen deinen Handrücken beim Heben der Arme.

Wenn du deine Arme abwärts bewegst, drücken deine Handflächen die Luft weg.

Deine Arme sind weich, nicht gespannt.

Du kannst knien oder stehen.

Versuch, deine Arme zu bewegen wie ein Vogel seine Flügel bewegt. Mach es so sanft, als ob du unter Wasser wärest.

Schwanensee

Im Ballett „Schwanensee" ist die Prinzessin in einen Schwan verzaubert worden. Ihre Armbewegungen sehen aus wie der Flügelschlag eines Schwans.

Die Tänzerin bewegt sogar ihren Hals wie ein Schwan.

Ihr Kopf folgt den Bewegungen ihrer Arme und Hände.

Die Arme sind immer weich und abgerundet.

Gespitzte Füße

Ballettänzer spitzen ihre Füße, um sich weich und geschmeidig bewegen zu können. Hier ist eine Übung, die dir dabei helfen soll.

Zuerst sitzt du auf dem Boden und streckst die Beine nach vorne. Die Zehenspitzen zeigen nach oben.

Nun streckst du die Zehen langsam nach vorne in Richtung Boden. Je öfter du das übst, desto leichter wird es.

Traben wie ein Pferdchen

Steh ganz gerade, die Füße dicht nebeneinander. Dann hebe abwechselnd die Füße und spitze sie dabei.

Wenn du dabei zu wackeln anfängst, halte dich an der Stange fest. Fang zuerst langsam an und werde dann immer schneller.

Ruhige Bewegungen

Gespitzte Füße lassen deine Bewegungen leichter und leiser werden. Du kannst es beim Hüpfen ausprobieren.

Schleich dich auf Zehenspitzen leise an einen geheimen Ort.

Deine Arme schwingen mit.

Spitze die Füße beim Gehen und Marschieren. Du wirst sehen, wie leichtfüßig du dich dann bewegst.

Gleiten und strecken

Die beste Übung, um die Füße des Tänzers zu kräftigen, ist „Battement-tendu" (sprich: bat-mon-ton-dü). Die Füße gleiten nach vorne, zur Seite oder nach hinten am Boden entlang. Hier ist die Übung nach vorne dargestellt.

Mach dich so groß du kannst.

Steh zunächst mit den Füßen in der ersten Position. Die Hände sind auf die Hüfte gestützt.

Die Füße bilden ein V am Boden.

Laß einen Fuß nach vorne gleiten, als ob du den Boden polieren würdest.

Das Bein bleibt gestreckt.

Spitze den Fuß und zähl bis drei. Dann geht der Fuß zurück in die erste Position.

Nur die große Zehe berührt den Boden ganz leicht und zart.

Beide Beine bleiben auswärts gedreht.

Deine Zehen verlassen den Boden nicht.

13

Gleichgewicht halten

Sobald du dich daran gewöhnt hast, ganz gerade zu stehen (siehe Seite 6), kannst du lernen, dein Gleichgewicht auf der halben Spitze zu halten. Im Ballett heißt diese Stellung „Demi-pointe" (sprich: dömi-poent).

Hoch auf die halbe Spitze

Du hältst die Füße dicht nebeneinander und machst dich so groß wie möglich. Deine Beine sind ganz gestreckt. Nun atmest du ein und hebst gleichzeitig die Fersen vom Boden weg.

Schau geradeaus, damit du dein Gleichgewicht halten kannst.

Alle Zehen bleiben fest am Boden.

Laß die Knöchel zusammen. Das hier ist falsch.

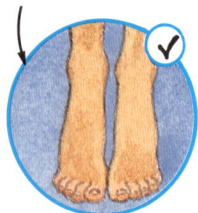
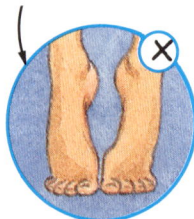

Deine Fersen sinken langsam zum Boden zurück. Dabei soll dein Körper ganz aufrecht bleiben. Nun versuch die Übung mit den Füßen in der ersten Position. Achte darauf, daß deine Füße auch nach der Übung noch ein V bilden.

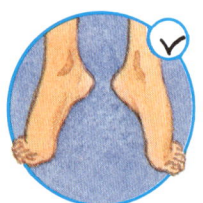

Die erste Position auf der halben Spitze.

Der Spitzentanz

Ballerinen tanzen oft auf den Zehenspitzen. Diese Kunst nennt man den Spitzentanz. Erst nach zweijähriger Ausbildung sind die Füße und Beine einer Tänzerin kräftig genug, um damit anzufangen.

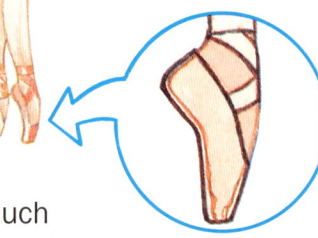

So sieht der Fuß einer Ballerina im Spitzenschuh aus.

Versuch keinen Spitzentanz, bevor du elf Jahre alt bist. Da deine Fußknochen noch zu weich sind, können deine Füße dauerhaft geschädigt werden.

Spitzenschuhe

Ballerinen tragen Spitzenschuhe. Diese haben starke Ledersohlen, um den Fuß zu stützen. Vorne an den Zehen sind sie mit Kleister verstärkt, damit man besser stehen kann.

Tänzerinnen nähen Bänder an die Spitzenschuhe.

Auf einem Bein stehen

Tänzer stehen oft auf einem Bein, um bestimmte Figuren zu machen. Du kannst versuchen, ein „retiré" zu machen (sprich: rö-ti-ree). Es ist sehr schwer, dabei das Gleichgewicht zu halten, deshalb stütze dich ganz leicht auf die Stange.

Dieser Fuß bleibt flach auf dem Boden.

Beginn in der ersten Position. Ein Fuß verläßt den Boden und gleitet über den Knöchel hinauf bis

Halte dich ganz aufrecht, damit du nicht umfällst.

Dein Fuß ist die ganze Zeit gespitzt.

zum Knie des Standbeins. Beide Beine sollen auswärts bleiben, also halte dein Knie zur Seite.

Deine kleine Zehe paßt genau unter deine Kniescheibe.

Jetzt läßt du die Stange los. Kannst du in dieser Stellung dein Gleichgewicht halten?

Dein Gleichgewicht

Tänzer müssen ein gutes Gleichgewichtsgefühl entwickeln. Wackelst du, wenn du auf der halben Spitze stehst?

Probier aus, wie du am besten balancieren kannst.

Auf der Spitze balancieren

Ballettänzerinnen können auf nur einer Spitze ihr Gleichgewicht halten.

Männer tanzen nicht auf der Spitze, sie balancieren aber auf der halben Spitze.

Die Retiré-Position auf der Spitze.

Dieser Tänzer steht in einer Arabesque auf der halben Spitze.

Gestreckte Beine

Ballettänzer lernen, ihre Beine immer gleichmäßig und mit scheinbarer Leichtigkeit zu bewegen. Die Beine bleiben gestreckt, auch wenn sie sie ganz hochheben. Die folgenden Übungen sollen dir helfen, das zu lernen.

Gleiten

Die Füße in der ersten Position.

Drück deine Füße fest gegen den Boden, so daß du ein schleifendes Geräusch hörst.

Die Füße spitzen sich, sobald sie zur Seite gleiten.

Tänzer üben die „Battements-glissés" (sprich: bat-mon-gli-ssee) nach vorne, zur Seite und nach hinten.

Deine Zehenspitzen sind nur wenige Zentimenter vom Boden weg.

Dein Knie bleibt gestreckt.

Das Battement-glissé fängt wie ein Tendu (siehe Seite 13) an. Der Fuß gleitet aus der ersten Position zur Seite.

Sobald die Zehen ganz spitz sind, streck dein Bein noch fester durch, dann geht dein Fuß ein Stück vom Boden weg.

Dann ziehst du deinen Fuß zurück in die erste Position. Versuch nun dasselbe mit dem anderen Fuß.

Noch schneller

Berufstänzer müssen täglich sehr viel trainieren. Sie können 60 Battement-glissés in der Minute machen.

Noch höher

Halte deinen Körper ruhig.

Das Bein geht zur Seite.

Das Bein ist vor dir.

Wenn das Bein nach hinten hochgeht, lehn dich etwas nach vorne.

Nun versuch, das Bein nach dem Gleiten höher zu werfen. Es kommt ganz sanft auf den Boden zurück. Diese Übung heißt „Grand (sprich: gran) battement". Man kann sie auch nach vorne und nach hinten machen.

Die erste Arabesque

Schau geradeaus, das hilft dir beim Balancieren.

Dieser Arm wird tiefer seitlich weggestreckt.

Fühle die Linie von deinen Zehenspitzen bis zu den Fingerspitzen.

Deine Hand wird in Nasenhöhe nach vorne gestreckt.

Die langgestreckte Figur, mit einem Fuß nach hinten hochgestreckt, heißt „Arabesque" (sprich: ara-besk). Versuch, diese Figur nachzumachen.

Andere Arabesques

Wenn sich die Position der Arme ändert, hat die Arabesque einen anderen Namen.

Wenn der andere Arm nach vorne gestreckt wird, heißt sie zweite Arabesque.

Wenn beide Arme vorne sind, sagt man dritte Arabesque.

Diese Tänzerin zeigt eine Arabesque auf der Spitze.

Galopp-Schritte

Kräftige, gestreckte Beine helfen dir, einen Galopp zu tanzen. Dein rechtes Bein schwingt zuerst seitlich weg, dann macht es einen Schritt.

Nur Mut, es ist nicht schwer!

Der Junge tanzt von links nach rechts.

Ein Glissé zur Seite.

Hier abspringen.

Spitze deine Füße.

Streck deine Beine ganz durch, wenn du springst.

Lande auf dem gebeugten Bein.

Spring vom rechten Bein ab und zieh das linke in der Luft nach. Du landest auf dem linken Fuß und schwingst das rechte Bein gleich wieder zur Seite. Wiederhol den Schritt so oft du magst, und spring so hoch du kannst. Die Übung geht genauso nach links.

Springen

Vor jedem Sprung mußt du die Beine beugen. Wenn du ganz tief in die Hocke gehst, kannst du so hoch wie ein Frosch springen.

Geh ganz tief in die Hocke.

Beim Absprung streckst du deine Beine.

Wie eine Katze im Sprung.

Katzen können sehr weit springen. Wie weit kommst du?

Springen aus dem Demi-plié

Dein Körper bleibt sehr gerade.

Spitze deine Füße und streck die Beine.

In der Luft öffnest du die Beine zur zweiten Position.

Demi-plié. **Erste Position.** **Zweite Position.**

Beim Ballett bleibt dein Rücken beim Sprung gerade, auch wenn du in die Knie gehst. Fang in der ersten Position an und mach ein Demi-plié*. Spring hoch und lande wieder leise im Demi-plié. Dieser Sprung heißt „Sauté" (sprich: so-tee). Nun versuch einen Sauté aus der ersten Position und lande in der zweiten.

*siehe Seite 8.

Fliegende Sprünge

Tänzer können die Beine beim Springen zum Spagat strecken.

Die Ballettausbildung läßt die Beine sehr stark und dehnbar werden, damit man hoch springen kann.

Sprünge auf einem Bein

Bei manchen Ballettschritten hüpfst du von einem Bein auf das andere. Diesen Sprung nennt man „Petit-jeté" (sprich: pöti-schö-tee).

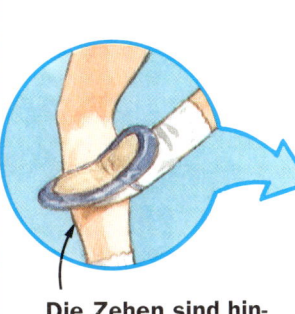

Die Zehen sind hinter deiner Wade.

Lande auf einem gebeugten Bein.

Du stehst auf einem Fuß und legst den anderen an die Wade. Dann springst du ab und landest auf dem anderen Bein. Wie oft hintereinander schaffst du diesen Sprung?

Grand jeté

Probier diesen großen Sprung aus, für den du viel Platz brauchst. „Grand jeté" (sprich: gran-schö-tee) bedeutet „großer Sprung".

Streck deine Beine in der Luft.

Wenn du springst, schau nach oben.

Streck auch deine Arme.

Beuge dein Knie beim Landen

Nimm mit großen Schritten Anlauf, dann spring kräftig von einem Bein zum anderen. Versuch, Beine und Arme in der Luft zu strecken.

Drehen

Im Ballett gibt es viele Möglichkeiten, sich zu drehen. Diese hier kannst du selbst versuchen.

Drehungen in der Luft

Wenn man sich beim Springen dreht, heißt das „Tour en l'air" (sprich: tur-on-lär). Am Anfang kannst du es mit Vierteldrehungen versuchen.

Viele Drehungen

Tänzer machen vor und nach jeder Tour en l'air ein Demi-plié.

Einige Tänzer springen so hoch, daß sie sich in der Luft zwei- oder dreimal drehen können.

Demi-plié in der ersten Position.

Lande immer in einem Demi-plié.

Eine volle Drehung

Versuch zuerst eine halbe Drehung und dann eine ganze.

Je höher du springst, desto besser kannst du drehen.

Beginn mit einem Demi-plié in der ersten Position. Nun springe eine Vierteldrehung und lande wieder in der ersten Position. Die folgenden drei Sprünge machst du in die gleiche Richtung. So kommst du einmal ganz herum.

Schnelle Drehungen

Pobier aus, wie oft du auf der Stelle drehen kannst, ohne zu springen. Wie schnell kannst du dabei werden?

Die Arme helfen dir beim Drehen.

Du kannst mit trippelnden Schritten oder auf der halben Spitze drehen.

Wenn man sich zu lange dreht, wird einem schwindlig. Tänzer kennen einen Trick: Sie schauen beim Drehen immer auf einen bestimmten Punkt.

Pirouetten

Ballettänzer drehen sich meistens auf einem Bein. Das nennt man eine „Pirouette" (sprich: piru-ette).

Mit Hilfe ihres Partners kann die Tänzerin sehr viele Drehungen machen.

Ballerinen drehen sich auf der Spitze.

Versuch diesen Trick

Schau zunächst geradeaus auf einen bestimmten Punkt. Nun dreh dich mit trippelnden Schritten.

Sobald du die Augen nicht mehr auf diesem Punkt halten kannst, dreh deinen Kopf ganz schnell herum, um den Punkt wiederzufinden.

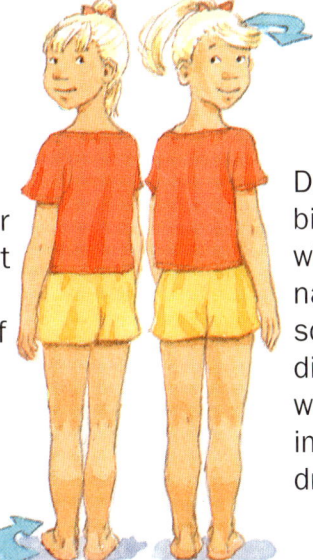

Dreh dich weiter, bis dein Körper wieder gerade nach vorne schaut. Probier diesen Trick, während du dich immer schneller drehst.

Miteinander tanzen

In vielen Balletten tanzen Gruppen von Tänzern gleichzeitig die gleichen Schritte. Diese Gruppen werden „Corps de Ballet" (sprich: kor-dö-ba-lee) genannt.

Mit einigen Freunden kannst du die Bewegungen, die du mittlerweile kennst, gemeinsam tanzen. Wenn es alle richtig machen, sieht das sehr gut aus.

Achte genau auf deinen Vordermann, damit ihr euch gleichzeitig bewegt.

Der Corps de Ballet kann schöne Muster bilden, wie zum Beispiel diesen Bogen.

Welche Muster kannst du mit deinen Freunden machen? Kreise, Bögen und Dreiecke sind schöne Formen.

Paare und Reihen

Es gibt viele verschiedene Arten, mit anderen zusammen zu tanzen. Beim Volkstanz bilden die Tänzer Reihen und tanzen die gleichen Schritte. Gesellschaftstänzer tanzen paarweise.

Beim Gesellschaftstanz bewegt sich der eine vorwärts, während der andere rückwärts geht.

Ein Dreieck bilden

Zu zweit tanzen

Du stehst deinem Partner gegenüber und machst seine Bewegungen nach, als ob du sein Spiegelbild wärst.

Du kannst deinem Partner helfen, noch höher zu springen, indem du ihn genau dann hochhebst, wenn er abspringt.

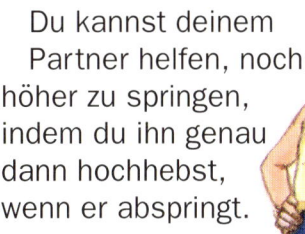

Steh direkt hinter deinem Partner.

Könnt ihr gleichzeitig einen Petit jeté (siehe Seite 19) machen?

Anstatt einander nachzumachen, könnt ihr euch auch gegenseitig stützen, um interessante Figuren zu machen.

Pas de deux

Im Ballett tanzen oft ein Mann und eine Frau zusammen. Das nennt man „Pas de deux" (sprich: pa-dö-dö). Der Mann hilft der Ballerina, sich schneller zu drehen und auf der Spitze zu balancieren. Er kann sie auch hochheben, sogar mit einer Hand!

Haltet euch aneinander fest, um das Gleichgewicht zu halten.

Diese Figuren eignen sich als Anfangs- oder Schlußposen.

Ausdruck

Tänzer schlüpfen in viele verschiedene Rollen.

Kannst du dich in jemand anderen verwandeln? Vielleicht in einen reichen Fürsten, einen bösen Zauberer oder ein wildes Tier? Du kannst auch frieren, lustig, fröhlich oder wütend sein.

Wie sieht der Rücken einer alten Frau aus?

Wie läuft ein Spion davon?

Beweg dich passend zur Rolle, die du spielst und bleib dann in einer Stellung. Was machst du mit den Händen, mit Kopf und Körper? Was paßt zu deiner Figur?

Was für Sprünge macht ein böser Zauberer?

Wie schleicht sich ein Löwe an?

Versuch zu vielen anderen Rollen die passenden Bewegungen zu finden.

Ballettkostüme

Die Kostüme verraten, welche Rolle die Tänzer spielen.

Der Prinz hat eine goldbestickte Weste, denn er ist sehr reich.

Diese Tänzerin stellt ein Mädchen vom Land dar.

Die weißen Tüllröcke in „Les Sylphides" haben Flügel, denn die Tänzerinnen sind Geister.

Sich verkleiden

Such Kostüme, in denen du dich frei bewegen kannst, um deine Rolle darzustellen.

Ein Umhang fliegt mit deinen Bewegungen mit.

Zu einem Hexenumhang paßt ein schwarzes Tuch mit aufgeklebten Papiersternen.

Ein Haarreif, mit Glitzerband umwickelt, wird zur Krone.

Binde dir ein Band um das Handgelenk.

Steck glitzernde Bändchen an dein Kleid.

Schminke deine Nase mit roter Farbe.

Trag für lustige Rollen Sachen, die viel zu groß sind. Vielleicht darfst du Flicken daraufnähen oder -kleben.

Masken

Manchmal tragen Tänzer Masken, um eine Figur darzustellen. Die Masken müssen leicht sein und dürfen den Tänzer nicht beim Sehen behindern.

Diese Maske trägt die Katze in dem Ballett „Dornröschen".

Mach dir eine Maske

An den oberen Rand klebst du Papierstreifen.

Schneide große Löcher für die Augen hinein.

Schneide um die Nase herum.

Ein Pappteller eignet sich gut für eine Maske. Du kannst ihn bekleben oder bemalen und zur Befestigung ein Band annähen. Du mußt üben, damit zu tanzen.

Ohne Worte

Im klassischen Ballett wird nicht gesprochen. Man benutzt die Zeichensprache. Hier sind einige Zeichen, die im Ballett häufig vorkommen.

„Nein" zeigt man mit auseinandergehenden Händen.

Für „lieben" faßt man sich ans Herz.

Für „hören" greift man sich ans Ohr.

So zeigt man „ich".

Zeigt man auf ein Auge, bedeutet das „sehen".

Ein Rätsel

Man kann mit der Zeichensprache auch ganze Sätze bilden. Was sagt diese Mädchen wohl?

Verbeugen

Mit dieser Geste bedankt man sich nach der Stunde bei der Lehrerin und nach der Vorführung beim Publikum. Man nennt dies eine „Revérence" (sprich: re-ver-ongs).

Halte demjenigen die Hand entgegen, dem du danken möchtest und neige deinen Kopf nach vorne.

Neige den Kopf beim Knicks.

Mädchen stellen einen Fuß hinten auf die halbe Spitze, um einen Knicks zu machen.

Auf einer Party

Denk dir mit ein paar Freunden eine Szene auf einer Party aus. Statt Worten benutzt ihr Gesten. Links siehst du einige Gesten. Andere kannst du dir selbst ausdenken. Mit Musik macht es noch mehr Spaß.

Mit Winken und Lächeln sagt man „Hallo".

Zeig, wie groß dein Geschenk ist.

In der Zeichensprache kannst du „Hallo" sagen, Geschenke austauschen und dir ein Getränk nehmen.

Schenke ganz vorsichtig ein.

Fröhliche Tanzschritte zeigen, daß es auf dem Fest allen gut gefällt.

Feste beim Ballett

Ein Fest ist eine gute Gelegenheit, viele Tänzer gemeinsam auf der Bühne zu zeigen. Im „Nußknacker" gibt es eine Weihnachtsfeier, im „Schwanensee" einen Ball und in „Dornröschen" gibt es ein Geburtstagsfest.

Die Gäste tanzen im „Nußknacker".

Bei einer Ballettaufführung

Bei einer Ballettaufführung arbeiten viele verschiedene Leute zusammen. Sie bilden eine „Ballettkompanie".

Ein Ballett entwerfen

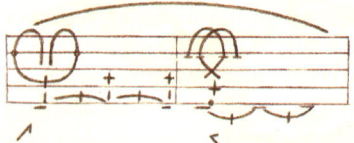

Jede Bewegung der Arme und Beine wird mit Zeichen aufgeschrieben.

Der sogenannte Choreograph wählt die Musik aus und denkt sich die Bewegungen dazu aus. Sie werden unter die Musiknoten auf die Notenlinie gezeichnet.

Kostüme

Der Bühnenbildner entwirft auch die Kostüme. Nach seinen Zeichnungen werden die Kleider in der Theaterschneiderei genäht.

Das Bühnenbild

Der Bühnenausstatter baut ein Modell, das zeigt, wie die Bühne aussehen soll. Der Beleuchter probiert daran verschiedene Lichteffekte aus.

Dann werden von Malern die Kulissen auf riesige Leinwände gemalt.
Felsen werden aus Styropor oder Pappe gemacht.

Ein Solotänzer.

Proben

Die Tänzer müssen die Schritte sehr oft zur Musik proben. Einige Tage vor der Aufführung proben sie in ihren Kostümen auf der Bühne. Das ist die Hauptprobe.

Schminken

Tänzer tragen vor ihrem Auftritt eine dicke Schicht Schminke auf, damit ihre Gesichtszüge bei der grellen Beleuchtung auch aus der Entfernung zu erkennen sind.

Die Vorstellung

Damit sie sich nicht verletzen, wärmen sich die Tänzer vor der Vorführung gut auf. In den Kulissen warten sie dann auf ihren Auftritt.

Kulissen

Gruppentänzerinnen

← Die Tänzer benutzen eine Art Puder für ihre Schuhe, damit sie nicht ausrutschen.

Auf der Bühne tanzen alle mühelos und scheinbar ohne Anstrengung, damit das Publikum die Darbietung voll genießen kann.

Die Musiker im Orchestergraben sind für das Publikum unsichtbar.

Berühmte Ballette

Viele Ballette erzählen märchenhafte Geschichten. Das hier sind einige der berühmtesten Ballette:

Coppélia

Franz und Swanilda sind ein Paar aber Franz verliebt sich in Coppélia, die er für die Tochter von Doktor Coppélius, dem Puppenmacher, hält.

Swanilda und ihre Freundinnen brechen in die Werkstatt von Doktor Coppélius ein. Sie entdecken, daß Coppélia nur eine Puppe ist und verstecken sich, als sie Coppélius' Rückkehr bemerken.

Swanilda in Coppélias Kleid

Franz schleicht sich auch hinein und wird von dem Alten entdeckt. Der macht ihn betrunken und versucht, Franz' Lebenskraft auf Coppélia zu übertragen.

Aber Swanilda ist in das Kleid der Puppe geschlüpft und läßt Coppélius glauben, daß seine Zauberei Erfolg hat. Franz erwacht und beide lachen Coppélius aus, der seinen Fehler einsehen muß.

Der Schwanensee

Odette wird von dem Zauberer von Rothbart gezwungen, tagsüber die Gestalt eines Schwans anzunehmen. Als sie eines Nachts als Frau am Seeufer verweilt, wird sie von Prinz Siegfried entdeckt, und sie verlieben sich. Seine Treue könnte sie retten.

Odette

Der Prinz

Von Rothbart verzaubert, um Siegfried zu täuschen, seine eigene Tochter Odile so, daß sie Odette zum Verwechseln ähnelt.

Odette trägt ein Tutu aus weißem Tüll und Schwanenfedern.

Odile und Odette werden beide von derselben Ballerina dargestellt.

Der Prinz wird seiner Geliebten untreu. Er merkt zu spät, daß er getäuscht worden ist und geht mit Odette gemeinsam in den Tod.

La fille mal gardée

Lise und Colas

„La fille mal gardée" (sprich: la-fi-mal-gardee) ist Lise, die Tochter der Witwe Simone. Sie soll Alain, den Sohn eines reichen Bauern heiraten. Aber Alain ist ein Trottel, und Lise liebt Colas.

Nach vielen lustigen Verwicklungen, bei denen sogar ein Pony auf der Bühne zu sehen ist und Simone einen Holzschuhtanz vorführt, tricksen die Liebenden alle aus und dürfen doch heiraten. Am Ende tanzen sie ausgelassen mit all ihren Freunden.

Der Nußknacker

Der Nuß-knacker

Zu Weihnachten bekommt das kleine Mädchen Clara einen Nußknacker geschenkt. Um Mitternacht verwandelt er sich in einen Prinzen, der gegen ein Rattenheer kämpft.

Clara tötet den Rattenkönig mit ihrem Schuh, und der Prinz nimmt sie auf eine Reise durch den Schnee in sein Königreich mit. Dort führt er Clara Tänze aus verschiedenen Ländern vor und tanzt auch selber einen Pas de deux mit der Zuckerfee. Clara wacht auf: Es war alles nur ein Traum!

Die Zuckerfee

Der Nußknacker-Prinz

Sachregister

Arabesques	5, 17
Armbewegungen	10, 11
Auswärts	7
Ballettschläppchen	3
Battement glissé	16
Battement tendu	13
Coppélia	30
Corps de Ballet	22
Demi-plié	8, 18, 20
Demi-pointe	14, 15
Dornröschen	2, 15, 27
Gesellschaftstanz	22
Gleichgewicht	14, 15, 23
Grand battement	16
Grand jeté	19
Indischer Tanz	3
Kostüme	24, 25, 28
La fille mal Gardée	31
Masken	25
Miteinander tanzen	22, 23
Nußknacker	27, 31
Pas de deux	23, 31
Petit jeté	19
Pirouette	21
Position der Füße	6, 7
Retiré-Position	15
Sauté	18
Schminken	15
Schwanensee	11, 27, 30
Spitzenschuhe	14
Stange	8
Steptanz	3
Tour en l'air	20
Trick zum Drehen	21
Zeichensprache	26

Weitere Informationen

Tips für gute Ballettschulen erhältst du, wenn du an die folgende Adresse schreibst:
Royal Academy of Dancing,
Hollestraße 1
45127 Essen, Deutschland

Katrin Straub unterrichtet bei „Ballett in Solln" in München nach dem Lehrplan der Royal Academy of Dancing.

Jane Niedermeier, die Inhaberin der Schule und ehemalige Ballerina des Royal Ballets in London und Solistin beim Stuttgarter Ballett, legt nicht nur Wert auf eine solide technische Ausbildung, sondern möchte den Kindern auch einen umfassenden Einblick in die Welt des Balletts geben.

ICH LERNE BALLETT wird ihrer Ansicht nach beiden Anforderungen gerecht und stellt für die Kinder eine gute Ergänzung zum praktischen Ballettunterricht dar.

©Für die deutsche Ausgabe
Lentz Verlag in der F.A. Herbig Verlagsbuchhandlung GmbH, München 1994
First published in 1992 by Usborne Publishing Ltd., London
Titel der Originalausgabe: Starting Ballet
Entworfen von Maria Wheatley

Sämtliche Rechte vorbehalten
Satz: Concept GmbH, Höchberg bei Würzburg
Gesetzt aus: Franklin Gothic, 12/14 Punkt
Druck und Bindung: Proost, Turnhout
Printed in Belgium
ISBN 3-88010-283-X